그림으로 보는
신라 역사 2

글 | 최수복

대학에서 불어불문학을 공부하였으며 오랫동안 출판사에서 일하며 어린이책을 만들었습니다.
〈하늘나라 채소밭〉으로 창작 동화 공모에서 수상했고, 서울여성백일장에서 산문 〈소포〉가
당선되었습니다. 지은 책으로는 《우주에서 온 아이》《도시로 떠난 알베르트》 등이 있습니다.

그림 | 이영훈

중앙대학교에서 서양화를 공부했고, 출판과 광고 및 패키지 디자인 등 다양한 일러스트 작업을
하고 있습니다. 그린 책으로는 《안나 파블로바》《테레사》《제인 구달》《코코 샤넬》《슈바이처》
《설악산의 꽃》《다람쥐》〈타임캡슐 우리 역사〉 등이 있습니다.

감수 | 윤선태

서울대학교 국사학과를 졸업하고, 같은 학교 대학원에서 한국 고대사를 전공하여 박사 학위를 받았습니다.
충남대학교, 한신대학교를 거쳐 지금은 동국대학교 사범대학 역사교육과 교수로 있습니다.
지은 책으로는 《목간이 들려주는 백제 이야기》《한국 고대 중세고문서 연구》(공저) 등이 있습니다.

그림으로 보는

신라 역사 2

글 최수복 | 그림 이영훈

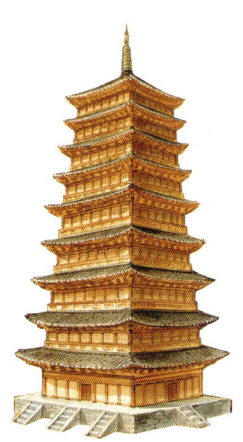

여원미디어

차례

눈부시게 성장하는 신라

왕이라 부르고 나라 이름을 신라로 바꾸다 10

우산국을 신라 땅으로 만들다 12

나라를 다스리는 율령을 반포하다 14

불교를 나라의 종교로 정하다 16

한강의 주인이 되다 18

한반도의 새로운 강자로 떠오르다 20

신라 최고의 절, 황룡사를 짓다 22

신라의 기둥, 화랑도 24

넓은 땅을 지켜라! 26

여왕의 시대

처음으로 여자가 왕이 되다 28

백제와 고구려의 공격이 심해지다 30

여자가 왕이라 하여 반란이 일어나다 32

당나라와 동맹을 맺다 34

진골 출신이 처음으로 왕위에 오르다 36

■ 신라 역사 연표 38

눈부시게 성장하는 신라

소를 이용한 땅 갈이
소를 이용하기 전에는 한 사람이 쟁깃술을 붙잡고 다른 사람이 앞에서 끌어당겨 보습이 땅을 깊이 파도록 했어요. 이젠 이 일을 소가 대신해 주니 사람이 하는 것보다 몇 배 이상의 효과를 내면서 농사짓기가 훨씬 쉬웠어요.

왕이라 부르고 나라 이름을 신라로 바꾸다

신라는 고구려와 백제에 비해 발전이 늦었습니다. 그런 신라에 새 기운을 불어넣은 임금이 22대 지증 마립간입니다. 지증 마립간은 우선 순장을 금지했습니다. 순장은 사람이 죽으면 산 사람을 같이 묻는 풍습이에요.
또 소에 쟁기를 매어 밭을 갈도록 권장했습니다. 그러자 농사짓는 데 힘이 덜 들고 시간도 절약되어 수확량이 많이 늘어났어요.
나라는 나날이 발전했습니다. 지증 마립간은 커진 나라에 어울리는 새로운 나라 이름이 필요하다고 생각했어요.
"지금부터 나라 이름을 '신라'라고 하노라."
신라는 '임금의 훌륭한 정치가 날로 새로워져 사방에 널리 퍼진다'는 뜻이에요.
또 임금의 호칭도 마립간에서 '왕'으로 바꾸었지요. 이때부터 지증 마립간은 지증왕으로 불렸습니다.

오랜 풍습으로 굳어진 순장 제도

왕이나 왕비 또는 귀족이 죽었을 때 살아 있는 사람을 같이 묻는 장례 풍습이에요. 왕이 죽으면 남자·여자 각각 다섯 명을 함께 묻었어요. 살아 있을 때처럼 죽은 뒤에도 자신을 위해 시중들어 줄 노비나 무사를 거느리고 있어야 한다고 여겼기 때문이에요. 차츰 사람 대신 그릇이나 인형을 묻거나 그림(벽화)으로 그려 넣었어요.

우산국을 신라 땅으로 만들다

지금까지는 각 지방의 우두머리들에게 자기 지역을 다스리게 하고, 필요할 때 나라에 지방 생산물이나 군사를 바치게 했습니다. 그런데 지증왕은 지방을 중요도에 따라 주와 군으로 나누고, 직접 임명한 관리를 보내 다스리게 했습니다.

왕이 먼 지방까지 직접 다스리면서, 점차 권력이 왕에게 모아졌습니다. 힘을 얻은 지증왕은 512년에 이사부 장군을 보내 그동안 정복하기 어려웠던 우산국까지 신라 땅으로 만들었습니다.

꾀로 우산국을 점령한 이사부
우산국은 오늘날의 울릉도를 말해요. 이사부 장군은 우산국이 지형도 험하고 사람들도 사나워서 정복하기 어렵다는 걸 알고 꾀를 냈어요.
나무 사자를 만들어 배에 싣고 가 항복하지 않으면 나무 사자를 풀어 놓겠다고 위협한 것이지요. 사자를 처음 본 우산국 사람들은 두려워했어요.
그래서 신라는 손쉽게 항복을 받아 냈지요.

나라를 다스리는 율령을 반포하다

지증왕에 이어 왕위에 오른 23대 법흥왕은 먼저 520년에 나라를 다스리는 데 꼭 필요한 질서를 법으로 정해 널리 알렸어요. 이 법을 '율령'이라 하는데, 왕 아래로 관리들의 등급을 정하고, 등급에 따라 옷 색깔을 달리하라는 내용도 들어 있었어요. 이제 왕과 신하는 아주 확실하게 구분되었고, 신하들도 입은 옷만으로 등급을 알 수 있게 되었습니다.

531년에는 신하들 가운데 귀족 회의의 의장을 뽑아 상대등이라 불렀습니다. 이전에는 왕도 귀족 회의에 참여하는 한 사람에 불과했는데, 이때부터는 귀족 회의를 왕 아래에 두고 직접 관리했어요. 그만큼 왕의 힘이 강해진 것이지요.

10등급~11등급

12등급~17등급

1등급~5등급

6등급~9등급

나라를 다스리는 기반, 율령

율(律)은 어떤 행동이 죄가 되는지, 죄를 저지른 사람은 어떻게 처벌할지 등을 정한 형법이에요. 영(令)은 세금에 관한 법이나 나라의 조직을 정하는 행정법이지요. 왕이 이러한 법을 정할 수 있으려면 그만큼 힘이 강해야 했어요. 율령의 반포로 옷 색깔을 보면 등급을 한눈에 알 수 있게 되었어요.

불교를 나라의 종교로 정하다

불교가 신라에 들어온 지 꽤 시간이 흘렀습니다. 법흥왕은 백성들이 부처님을 따르듯 왕을 받들면 좋겠다고 생각했습니다. 그래서 불교를 나라에서 인정하는 종교로 삼으려고 했습니다. 하지만 자신들의 조상신을 모셔 오던 귀족들이 심하게 반대했지요.
법흥왕은 하급 관리 이차돈의 순교로 뜻을 이루었습니다. 그 뒤로 불교는 신라에서 크게 번창했지요. 신라 곳곳에 많은 절과 불상, 그리고 탑이 지어졌습니다. 또한 신라는 불교를 통해 중국의 발달된 문물을 받아들일 수 있어 더욱 찬란한 문화를 꽃피웠습니다.

신라는 불교의 나라
법흥왕 이후 신라에서 불교는 빠르게 번창하여 통일 신라 시대에는 "절들은 별들처럼 흩어져 있고, 탑들은 기러기가 줄지어 나는 듯하다."고 했어요. 열 집 건너 절이 하나씩 있고 높은 탑들이 길잡이 구실을 할 정도였다고 해요.

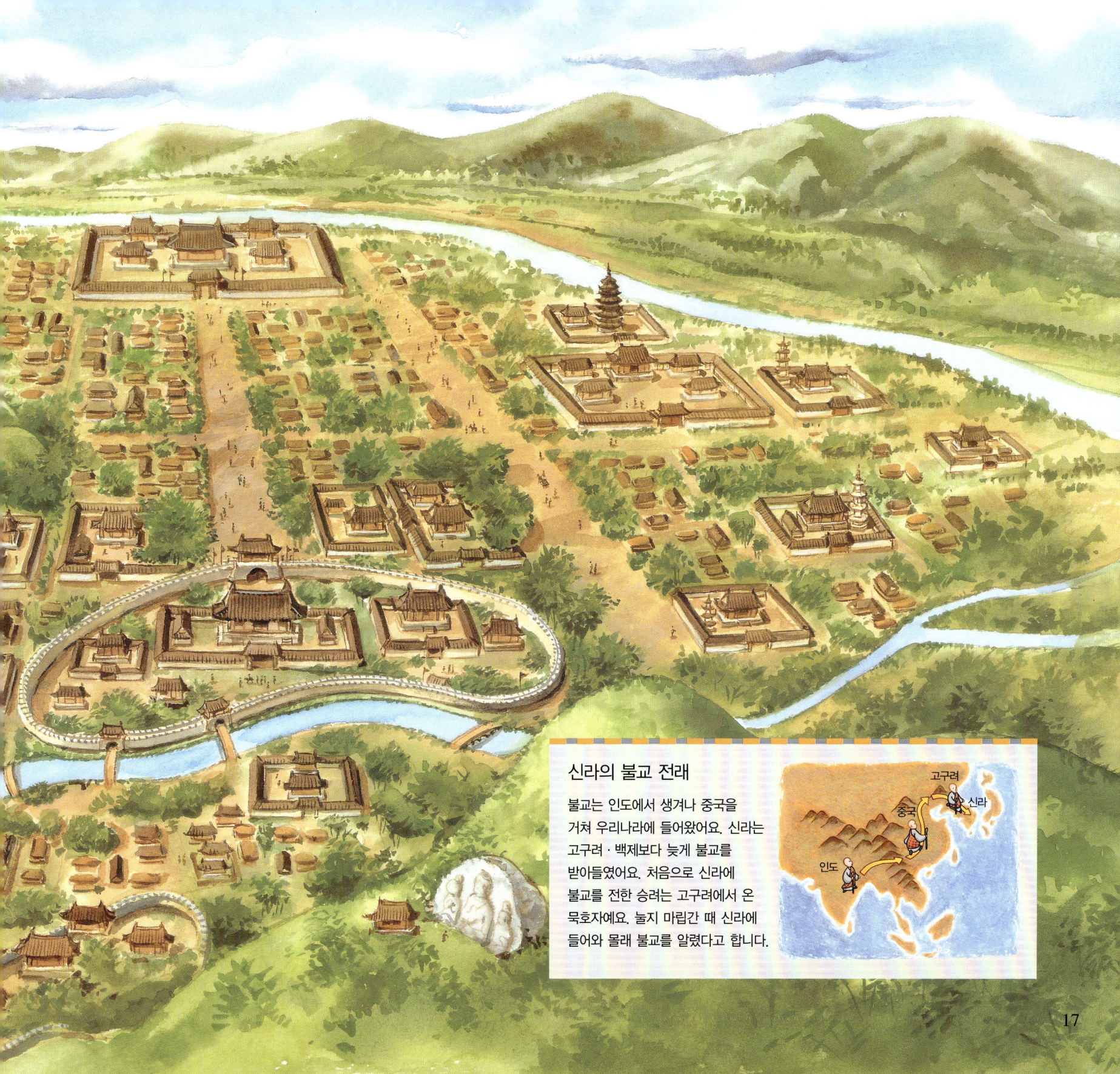

신라의 불교 전래

불교는 인도에서 생겨나 중국을 거쳐 우리나라에 들어왔어요. 신라는 고구려·백제보다 늦게 불교를 받아들였어요. 처음으로 신라에 불교를 전한 승려는 고구려에서 온 묵호자예요. 눌지 마립간 때 신라에 들어와 몰래 불교를 알렸다고 합니다.

한강의 주인이 되다

뒤를 이은 24대 진흥왕은 영토를 넓히는 데 온 힘을 기울였습니다.
먼저 551년, 백제의 성왕과 손을 잡고 고구려를 공격했습니다. 왕위를 잇는 문제로 귀족끼리 다투고 있던 고구려는 힘없이 지고 말았지요.
신라는 처음으로 한강 상류 지역을 차지했습니다.
2년 뒤인 553년에는 동맹국이었던 백제를 공격하여 한강 유역의 땅을 모조리 차지해 버렸습니다. 이에 백제 성왕은 분노하여 대가야와 왜의 도움을 받아 신라를 공격해 왔습니다. 하지만 신라는 관산성 싸움에서 백제 성왕의 목숨을 빼앗고 크게 승리했습니다.

한강 유역을 공격한 거칠부
진흥왕은 거칠부 장군 등을 시켜 고구려가 차지하고 있던 한강 유역을 공격했어요. 신라는 이 싸움에서 승리하여 한강 상류 지역에 있는 열 개의 지역을 빼앗는 데 성공했어요.

모두가 탐내는 한강 유역

한강 유역의 땅은 매우 기름져서 많은 곡식을 얻을 수 있었어요. 또한 한강 유역은 황해를 통해 중국과 활발히 오갈 수 있는 교통로여서 군사적으로도 매우 중요했지요. 신라는 이 땅을 차지함으로써 나중에 삼국 통일을 이루는 데 매우 유리한 발판을 마련하였어요.

북한산에 세운 진흥왕 순수비
진흥왕이 북한산 일대를 새로 점령하고 난 뒤, 그 일대를 두루 돌아다니면서 백성들의 생활을 살피고 하늘에 제사 지내고 대규모 사냥을 벌인 것을 기념하여 세운 비석이에요.

한반도의 새로운 강자로 떠오르다

진흥왕은 기세를 몰아 이사부 장군에게 반란을 일으킨 대가야를 토벌하게 했습니다. 562년 대가야까지 정복하자 가야 연맹의 다른 나라들은 쉽게 차지할 수 있었습니다. 낙동강 유역을 완전히 차지하게 된 것이지요.

진흥왕은 계속해서 북쪽으로도 땅을 넓혀 갔습니다. 고구려가 혼란한 틈을 타서 함경도 지방까지 손에 넣었어요. 이때 신라의 영토는 전보다 세 배나 넓어졌지요.

진흥왕은 새로 넓힌 영토를 기념하기 위해 곳곳에 순수비를 세웠습니다.

신라에서 이름 날린 가야 사람들

가야금을 잘 탔던 우륵은 대가야가 멸망하려 하자 진흥왕에게로 갔어요. 우륵은 제자들에게 음악을 가르쳐서 커다란 업적을 남겼지요. 또 금관가야의 구해왕은 신라의 진골 귀족이 되었어요. 삼국 통일을 이루는 데 큰 업적을 세운 김유신 장군은 구해왕의 증손자예요. 그 밖에 뛰어난 문장가인 강수도 가야 사람이었어요.

김유신
우륵

신라 최고의 절, 황룡사를 짓다

넓은 땅을 차지한 진흥왕은 궁궐인 월성의 동쪽에 새 궁궐을 짓게 했습니다. 그런데 그곳에 황룡이 나타나자 궁궐을 지으려던 것을 멈추고 대신 절을 지었습니다. 옛날부터 신라 사람들은 용이 나라를 지켜 준다고 믿었기 때문에 용을 다스릴 수 있는 부처님을 모시기로 한 것이지요. 이 절이 황룡사예요. 신라 사람들은 부처님이 신라 땅에서 가르침을 전한 흔적이 황룡사에 있다고 믿었습니다. 그래서 신라를 위대한 부처님의 땅이라 여겨 매우 자랑스러워 했습니다.

불교식으로 지은 왕자들의 이름

진흥왕은 법흥왕처럼 불교를 믿는 마음이 매우 깊었어요. 진흥왕은 두 아들의 이름을 불교의 전륜성왕 설화에 나오는 왕의 이름인 동륜, 철륜(쇠륜)이라 지었어요. 모든 세계를 통일하고 불법으로 나라를 다스린 인도의 전륜성왕처럼 전 세계를 다스리고자 하는 진흥왕의 의지를 드러낸 것이지요. 또 그는 늙어서 머리를 깎고 승려 옷을 입었어요. 스스로를 법운이라 불렀지요. 왕비 또한 진흥왕을 따라 승려가 되었으니 믿음이 정말 깊었지요.

어마어마하게 넓은 황룡사

지금은 없어지고 흔적만 남아 있어 정확히는 알 수 없으나 대략 불국사의 8배 정도로 짐작되어요. 선덕 여왕 때 완성한 구층탑이 요즘 아파트 27층 정도의 높이인 80m가 넘고, 절 안에 높이가 4.8m나 되는 불상이 있었다고 하니 절 전체의 크기가 얼마나 컸을지 짐작할 수 있어요.

신라의 기둥, 화랑도

나라가 넓어지고 크게 발전하자, 나라를 이끌어 갈 지혜로운 신하가 많이 필요했습니다. 또 전쟁에 나아가 싸움을 승리로 이끌 용감한 장수도 필요했지요. 그래서 진흥왕은 오래전부터 청소년들이 모여 수련을 하던 모임을 화랑도로 새롭게 발전시켰습니다. 화랑도는 진골 귀족 출신인 화랑이 수백에서 천 명에 이르는 낭도를 거느리는 무리로, 산천을 돌아다니며 노래와 춤으로 몸과 마음을 갈고닦으며 무예를 익혔습니다.
나라에서는 화랑 가운데 뛰어난 이들을 관리나 장수로 뽑았습니다.

승려 승려는 화랑이 무리에 서어 그들을 가르쳤어요. 물론 지혜와 공부가 깊은 승려를 뽑았지요.

원광 법사가 정한 세속 오계

진평왕 때 원광 법사는 신라를 이끌 화랑도들이 반드시 지켜야 할 규율로 '세속 오계'를 내렸어요. 세속 오계는 다섯 가지 계율을 말합니다.
첫째, 왕을 충성으로 섬겨야 한다.
둘째, 부모에게 효도를 다해야 한다.
셋째, 벗을 사귀는 데 믿음과 의리를 지켜야 한다.
넷째, 전쟁터에 나가서는 물러서지 않는다.
다섯째, 살아 있는 것을 죽일 때는 가려서 해야 한다.

낭도 높은 신분의 젊은이뿐만 아니라 평민도 낭도가 될 수 있었어요.

화랑 화랑이란 말은 꽃처럼 아름다운 소년을 뜻해요. 진골 귀족 출신의 젊은이들이 화랑을 할 수 있었어요. 또 화랑의 우두머리를 '국선'이라고 해요. 화랑은 전쟁터에 나가면 맨 앞에 서며 죽는 것을 두려워하지 않았어요.

넓은 땅을 지켜라!

579년 왕위에 오른 26대 진평왕은 해마다 중국에 사신을 보내는 등 한강과 황해를 통해 중국과 활발히 교류했습니다. 그리고 유학생을 중국으로 보내 발달한 문물을 적극적으로 받아들였지요. 당시 중국은 세계 여러 나라에서 모여든 물건과 사람들로 북적거렸고, 학문과 기술이 상당히 높은 수준에 이르렀습니다. 한편으로는 줄기차게 쳐들어오는 고구려군과 백제군을 대비하기 위해 여러 산성을 튼튼히 쌓고 행정 조직을 제대로 갖추는 등 진흥왕이 정복한 넓은 땅을 지키고자 애썼습니다.

신라의 외교관, 사신
삼국 시대에는 이웃 나라와 교류하려면, 먼저 사신을 보내 외교 관계를 맺어야 했어요. 사신은 지금의 외교관과 비슷한데, 이웃 나라 왕을 만나는 중요한 관리였기 때문에 아무나 될 수 없었어요. 신라의 사신들은 중국에서 새로 나온 책과 물품, 기술 따위를 적극적으로 받아들였어요.

여왕의 시대

시조 신에게 제사를 올리는 선덕 여왕
신라에서는 왕이 되면 시조를 모시는 사당에 제사를 올려 왕이 되었음을 알리고, 나라를 다스리는 데 조상의 도움을 청했어요.

처음으로 여자가 왕이 되다

진평왕이 죽자, 신하들은 다음 왕위를 놓고 의견이 엇갈렸습니다. 진평왕에게는 왕위를 이을 아들이 없었기 때문이지요. 신라에는 골품제라는 신분 제도가 있어서 등급에 따라 오를 수 있는 자리가 엄격히 정해져 있었어요.
한마디로 왕은 성골 출신만 될 수 있었습니다.
그런데 이때 성골 남자가 한 명도 없었습니다. 그래서 진평왕의 맏딸인 선덕 여왕이 왕위에 올랐습니다. 하지만 여왕을 못마땅해 하는 귀족들 때문에 선덕 여왕은 위태롭게 왕위를 지켜 갔습니다.

성골과 진골

신라 사회는 어떤 신분을 가진 부모에게서 태어나느냐에 따라 살아가는 모습이 달랐어요. 왕족만이 가질 수 있었던 신분인 '골'에는 성골과 진골이 있어요. 어떤 학자들은 성골은 부모가 모두 왕족인 경우, 진골은 부모의 어느 한쪽만 왕족인 경우라고 합니다. 하지만 또 다른 학자들은 왕의 아주 가까운 친족만을 성골이라 했다고 주장하지요.

성골   진골

백제와 고구려의 공격이 심해지다

한강 유역을 빼앗긴 백제와 고구려는 어느 때보다 거세게 신라를 공격했습니다. 결국 642년에 신라는 서쪽 국경에 있던 40여 개의 성을 백제에게 빼앗겼어요. 백제는 고구려와 손을 잡고 신라의 당항성을 빼앗아 당나라와 교류하는 길을 아예 끊어 버리려 했고, 대야성도 빼앗았습니다.
다급해진 선덕 여왕은 김춘추를 고구려에 보내 함께 손잡고 백제를 공격하자고 했습니다. 고구려 보장왕은 죽령 서북의 땅을 돌려주면 신라를 돕겠다고 했지요. 김춘추가 거절하자, 고구려 왕은 김춘추를 가두어 버렸습니다. 이 소식을 들은 김유신이 1만 명의 군사를 이끌고 나가 겨우 목숨을 건져 돌아오던 김춘추를 구해 왔습니다.

목숨을 걸고 고구려에 간 김춘추
김춘추는 대야성 싸움에서 딸과 사위를 잃었습니다. 몹시 화가 난 김춘추는 백제를 물리치기 위해 목숨을 걸고 적국인 고구려를 찾아갔지요. 아니나 다를까 일이 잘못되어 고구려에 붙잡히게 되었어요. 김춘추는 고구려 신하에게 뇌물을 주고 빠져나가게 해 달라고 부탁했어요. 뇌물을 받은 고구려 신하가 김춘추에게 〈별주부전〉 이야기를 해 주었어요. 김춘추는 토끼처럼 꾀를 냈지요. 신라로 돌아가면 왕의 허락을 받아 땅을 돌려주겠다고 거짓 약속을 한 거지요. 물론 토끼가 그랬던 것처럼 신라로 돌아온 김춘추는 땅을 돌려주지 않았어요.

여자가 왕이라 하여 반란이 일어나다

고구려와의 외교 관계가 실패하자, 김춘추는 바다 건너 왜로 갔습니다. 그러나 왜는 백제와 좋은 관계를 맺고 있어 도와주지 않았습니다. 선덕 여왕은 당나라 태종에게 사신을 파견하여 백제와 고구려를 물리쳐 줄 것을 부탁했습니다. 하지만 당나라 태종은 신라가 여왕이 다스리기 때문에 자주 침범을 받는다며 오히려 조롱만 했습니다.

더구나 나라 안에서는 선덕 여왕이 나라를 잘 다스리지 못한다며 귀족들이 반란을 일으켰습니다. 상대등 비담이 군사들을 모아 월성 근처까지 쳐들어와 신라 왕실을 위협한 것이지요.

김유신이 군대를 이끌고 가 반란군을 진압했지만, 선덕 여왕은 그 와중에 숨을 거두었습니다.

반란군을 진압한 김유신
귀족 회의의 의장인 상대등 비담이 중심이 된 반란 세력은 명활산성을 근거지로 삼았어요. 신라 왕실은 한때 위기에 빠졌지만, 지략이 뛰어난 김유신의 활약으로 반란군을 무찔렀어요.

당나라와 동맹을 맺다

선덕 여왕에 이어 진덕 여왕이 왕위에 올랐습니다. 진덕 여왕은 모든 정치를 이찬 김춘추에게 맡겼습니다. 김춘추는 백제와 고구려의 공격에서 신라를 구하기 위해 당나라의 도움이 필요하다고 생각했어요.
김춘추는 당나라로 가서 군사 동맹을 맺자고 제안했습니다. 당나라가 군사를 내주면, 그 보답으로 당나라의 제도와 복식을 따르겠다고 약속했어요.
또 백제와 고구려를 물리친 뒤에는 대동강 북쪽의 고구려 땅을 당나라에게 넘겨주기로 했습니다.
고구려를 한 차례 공격했다가 실패한 뒤 호시탐탐 고구려를 공격할 기회를 엿보던 당나라는 내심 기뻤어요. 고구려 남쪽에 있는 신라와 손을 잡으면 고구려 정벌이 훨씬 쉬워질 거라 생각했거든요. 이렇게 하여 나·당 동맹이 맺어지게 되었습니다.

나·당 동맹의 대가로 들여온 당나라 문물

- **복식** 신라 관리들이 당나라식 관복을 입고 관모를 쓰기 시작했어요.
- **연호** 당나라의 연호인 영휘를 사용하기 시작했어요.
  연호는 황제가 즉위한 뒤에 연도를 세는 방식이에요.
- **숙위학생** 당나라의 국학에 신라 유학생을 파견했는데, 이를 숙위학생이라 불렀어요.

당나라 복식을 따른 신라 관리들
김춘추가 당나라 제도와 복식 등을 모두 따르겠노라 약속한 것은 당나라를 섬기겠다는 뜻이었지요. 신라가 통일하면 당나라에 대항하지 않겠다는 뜻을 전함으로써 당나라를 안심시킨 거예요.

진골 출신이 처음으로 왕위에 오르다

김춘추가 당나라와 동맹을 맺는 데 성공하자, 아무도 그의 힘을 무시하지 못했습니다. 또 군사력을 손에 쥔 김유신이 늘 김춘추에게 큰 힘이 되었습니다. 진덕 여왕이 세상을 떠나자 더 이상 왕위를 이을 성골이 없었습니다. 귀족 회의에서는 그동안 나라에 공을 많이 세운 김춘추를 29대 왕으로 받들었어요. 신라 최초로 진골 출신이 왕위에 오른 것입니다.
왕위에 오른 김춘추는 당나라 제도를 적극 받아들여 관직을 새로 만들거나 정리했고, 아들 법민을 태자로 삼는 등 왕권 강화에 힘을 쏟았습니다.
또 군사 조직을 정비하는 등 삼국을 통일하기 위한 밑거름을 마련하는 데 더욱 힘을 기울였습니다.

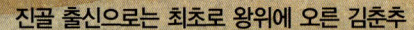

진골 출신으로는 최초로 왕위에 오른 김춘추
김춘추는 왕이 된 뒤, 귀족들에 의해 왕의 자리가 이리저리 휘둘리는 현실을 바꾸고자 했어요.
당나라 문물과 제도를 받아들여 제도를 정비하여 새로운 신라를 만들고 싶었던 거예요.

신라 역사 연표

할아버지 얼굴
인자하게 웃는 신라 시대 할아버지의 얼굴 모습 토우이다.

502년
우경 실시.

509년
동시 설치.

520년
율령을 반포하고 관리들의 옷을 정함.

503년
지증왕, 신라 국호 왕호 결정.

512년
우산국 정벌.

527년
이차돈의 순교, 법흥왕, 불교 공인.

기마 인물상
5~6세기에 만들어진 신라 토기 가운데 가장 정교하다. 국보 제 91호로 국립중앙박물관에 보관되어 있다.

400년

500년

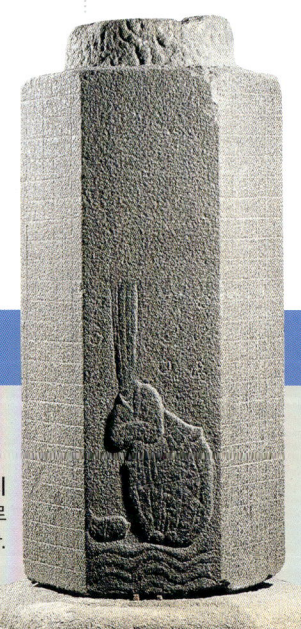

이차돈 순교비
법흥왕 때 이차돈의 순교로 불교를 공인하게 되었다.

천마총 금 허리띠와 드리개
신라를 황금의 나라라고 부를 만큼 황금으로 된 유물이 많이 발견되었다.

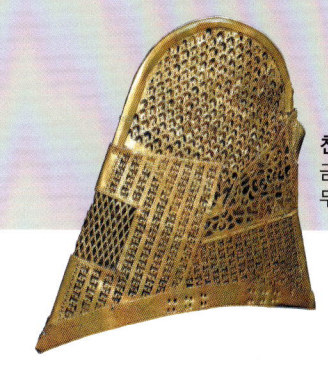

천마총 금모자
금관 안에 쓰는 모자의 일종으로, 무늬가 정교하고 촘촘하게 장식되어 있다.

545년
거칠부, 신라 국사 편찬.

562년
대가야 통합.

645년
황룡사 구층탑 완성.

654년
김춘추, 왕위에 오름.

576년
화랑도 만듦.

632년
선덕 여왕이 왕위에 오름.

648년
김춘추, 당나라에 가서 군사 원조를 요청.

600년

임신서기석
두 청년이 나라에 충성을 맹세하는 글을 새겨 놓았다.

황룡사 구층탑 복원도
선덕 여왕 때 완성한 탑으로 80m가 넘는 높이를 자랑한다.

■■ **사진 출처 및 제공처**

표지·면표 이차돈 순교비_국립경주박물관(경박 200801-004)·《박물관 들여다보기》, 국립경주박물관, 2006 |
기마 인물상_국립중앙박물관(중박 200711-506) | 황룡사 구층탑 복원도_박진호 |
할아버지 얼굴_국립중앙박물관(경박 200801-004)·《신라 토우》, 국립경주박물관, 1997 |
천마총 금 허리띠와 드리개, 금모자_국립경주박물관(경박 200801-001)·《신라 황금》, 국립경주박물관, 2001 |
임신서기석_국립경주박물관(경박 200710-150)·《박물관 들여다보기》, 국립경주박물관, 2006

※ 이 책에 사용한 모든 자료의 출처를 밝히기 위해 최선을 다했습니다. 빠지거나 잘못된 점을 알려 주시면 바로잡겠습니다.

■■ **일러두기**

· 〈삼국사기〉 본기의 내용을 따랐습니다. 그래서 같은 내용이 〈삼국유사〉와 다를 수 있습니다.
· 맞춤법, 띄어쓰기는 국립국어연구원에서 펴낸 〈표준국어대사전〉을 기준으로 삼았습니다.
· 외국 인명, 지명은 국립국어연구원에서 펴낸 〈외래어 표기 용례집〉을 따랐습니다. 단, 중국 지명은 현지음에 따랐습니다.
· 역사 용어는 교육인적자원부에서 펴낸 〈교과서 편수자료〉에 따르되, 어려운 용어는 쉽게 풀어 썼습니다.
· 옛 지명은 ( ) 안에 현재 지명을 함께 적었습니다.
· 연도나 월은 1895년 태양력 사용을 기점으로 이전은 음력으로, 이후는 양력으로 표기했습니다.

탄탄 뿌리깊은 삼국사기 그림으로 보는 신라 역사 2

펴낸이 김동휘 | 펴낸곳 여원미디어(주) | 주소 경기도 파주시 회동길 130(문발동) 탄탄스토리하우스
출판등록 제406-2009-0000032호 | 고객상담실 080-523-4077 | 홈페이지 www.tantani.com
글 최수복 | 그림 이영훈 | 감수 윤선태 | 기획 아우라, 이상임 | 총괄책임 김수현 | 편집장 이정희 | 기획 편집 최순영, 김희선
디자인기획 여는 | 아트디렉터 김혜경, 이경수 | 디자인 이희숙, 정혜란, 김윤신 | 사진진행 시몽 포토에이전시
제작책임 정원성

판매처 한국가드너(주) | 마케팅 김미영, 오영남, 전은정, 김명희, 이정희

ⓒ여원미디어 2008 ISBN 978-89-6168-179-7 ISBN 978-89-6168-209-1(세트)

※이 책은 저작권법에 따라 보호받는 저작물이므로, 무단으로 이 책 내용의 전부 또는 일부를 복사, 복제, 배포하거나 전산장치에 저장할 수 없습니다.
⚠ 주의 1. 책 모서리가 날카로워 다칠 수 있으니 사람을 향해 던지거나 떨어뜨리지 마십시오. 2. 보관 시 직사광선이나 습기 찬 곳은 피해 주십시오.